AF247313

NOUVEAU PROJET DE LOI

SUR

LES ÉLECTIONS.

Par un ÉLECTEUR.

———————

A PARIS,

Chez Ant. BAILLEUL, Imprimeur-Libraire, rue
Sainte-Anne, N°. 71.

1820.

DE L'IMPRIMERIE D'ANT. BAILLEUL,

RUE SAINTE-ANNE, N°. 71.

AVANT-PROPOS.

On a dit souvent qu'il fallait se garder de présenter un contre-projet à une loi proposée, parce que c'était donner des armes trop puissantes à la critique. Je reconnais la justesse de cette observation; cependant je me détermine à en publier un sur les élections. Loin de redouter les critiques dont il peut être l'objet, et dont il est sans doute très-susceptible, je les recherche et les provoque. Quelles qu'elles soient, justes ou fausses, elles ne pourront qu'éclairer la discussion de cette loi importante : c'est le but principal que je me suis proposé.

D'ailleurs, j'avoue d'avance que mon projet est plutôt l'*ouvrage* des rédacteurs des anciennes lois faites sur cette matière, que mon propre *ouvrage* ; mon travail s'est donc borné à réunir dans un seul cadre celles de leurs dispositions qui m'ont paru devoir améliorer la loi du 5 février 1817, et faire disparaître les lacunes et les vices qu'on lui a reprochés.

J'ai même puisé dans le nouveau projet ministériel, où j'ai pris jusqu'à des articles entiers; j'ai ajouté seulement quelques dispositions qui m'ont semblé avoir été omises, et qui complettent le système d'élections tel que je le conçois, pour que tous les intérêts soient légalement et librement représentés.

Mon projet renferme, quoique plus court, presque toutes les améliorations qui se trouvent dans celui du ministère ; il ne porte aucune atteinte à la Charte, dont on ne doit pas s'écarter, lors même que la rédaction imparfaite de ses articles en laisserait la possibilité légale : c'est une arche sainte qu'il faut respecter.

Religieusement attaché à la dynastie légitime, partisan du gouvernement représentatif, et d'une sage liberté, éloigné de tous les excès, ne désirant, par conséquent, que le bonheur de mon pays, j'ai cherché dans mon projet à donner à notre droit d'élection des bases assez solides pour affermir nos institutions, vraiment libérales, et pour ôter aux ennemis de l'ordre tout espoir de révolution nouvelle.

Si ce travail, quelque imparfait qu'il soit, pouvait offrir quelques vues utiles à ceux qui sont appelés à discuter la loi qui vient d'être présentée à la sanction des chambres, je m'estimerais heureux de l'avoir entrepris.

NOUVEAU
PROJET DE LOI
SUR LES ÉLECTIONS.

ARTICLE PREMIER.

LA chambre des députés des départemens est composée de 430 membres, dont la nomination appartient à chaque département, dans la proportion déterminée au tableau annexé à la présente loi (1).

ART. 2.

Tout français jouissant des droits civils et politiques, âgé de 30 ans accomplis, et payant 300 francs de contributions directes, dont au moins 150 francs de contribution foncière, déduction faite des centimes départementaux facultatifs et des centimes communaux, est

---

(1) Il semble convenable de fixer par la loi même le nombre des députés, afin qu'on ne puisse l'augmenter ou le diminuer que par une loi nouvelle.

appelé à concourir à l'élection des députés du département où il a son domicile politique (2).

Art. 3.

Pour former la masse des contributions nécessaires à la qualité d'électeur et d'éligible, on comptera :

A chaque français, les contributions directes qu'il paye dans tout le royaume, *sans jamais* que la contribution des patentes que payera chacun d'eux, puisse être comptée, si elle est moindre de 100 fr., tant en droits fixes que proportionnels (3) ;

____

(2) On a adopté dans cet article les dispositions du projet ministériel, qui veut que pour être électeur on paye au moins 150 fr. de contribution foncière, déduction faite des centimes départementaux et communaux. La propriété devant être, en France, et avant tout, la base de notre droit d'élection, cette restriction a paru sage, et de nature à détruire une partie des reproches faits à l'ancienne loi.

(3) Cet article, en admettant, comme dans la loi actuelle, les patentes pour former la masse des contributions nécessaires à la qualité d'électeur ou d'éligible, détermine qu'elles ne pourront être comptées, si elles sont moindres de 100 fr., etc. Cette disposition a pour but d'empêcher qu'on ne fasse dorénavant des électeurs, en prenant des patentes de 10 à 60 fr., comme cela s'est fait ou a pu se faire dans l'intérêt d'un parti quelconque, sous le régime de la loi du 5 février. Elle détruit cet abus,

Au mari, les contributions de sa femme, quoique non commune en biens ; au père, celles des biens de ses enfans mineurs dont il a la jouissance ; au fils ou gendre, celles du père ou du beau-père, si le père ou le beau-père leur transfère leur droit d'élection ;

Les contributions payées par une veuve sont comptées à celui de ses fils qu'elle désigne (4).

La contribution foncière et *celle des portes et fenêtres* ne sont comptées qu'au propriétaire ou à l'usufruitier, nonobstant toutes conventions contraires (5).

---

s'il a réellement existé, et ôte au moins tout prétexte de calomnier la loi ou les électeurs ; car, avec cette restriction, il deviendra plus difficile de faire des électeurs qui coûteront au moins 200 fr., dont 100 fr. pour l'année courante, et 100 f. pour celle qui l'aura précédée ; cette dernière obligation étant imposée par l'art. suivant.

(4) Ces deux dispositions nouvelles, dont l'une appartient au projet ministériel, me paraissent devoir être admises, et ne présenter que des avantages, sans inconvéniens.

(5) On a réparé ici l'omission faite dans le projet ministériel. La contribution des portes et fenêtres ne doit, comme la contribution foncière, être comptée qu'au propriétaire ou à l'usufruitier. Si quelquefois elle est acquittée par le locataire, le plus souvent et presque toujours, elle l'est par le propriétaire seul, auquel elle

Art. 4.

Nul cependant ne peut être électeur ou éligible, si, pour l'année dans laquelle s'assemblent les colléges électoraux, imposé au montant de la cote nécessaire pour devenir électeur ou éligible, il ne l'a déjà acquittée l'année précédente. Le possesseur, à titre successif, est seul excepté de cette condition (6).

Art. 5.

On ne peut exercer les droits d'électeur dans deux départemens, ni être membre de plus d'un collége.

Art. 6.

Un étranger, même naturalisé, ne peut être électeur, s'il n'est domicilié en France depuis plus de dix ans consécutifs, dont cinq au moins

---

est d'ailleurs toujours comptée, puisque c'est à son nom qu'elle est portée sur les rôles. Il y aurait donc double emploi, si elle profitait aussi au locataire.

(6) Art. du projet ministériel. Il empêche les abus qui naissent des achats de propriétés, vrais ou simulés, qui sont faits au moment des élections, pour donner des droits à quelques individus, dans l'intérêt d'un ou de plusieurs partis.

à compter de la date de ses lettres de naturalisation (7).

Art. 7.

Il y a des colléges électoraux d'arrondissemens et des colléges électoraux de départemens. Il y en a un par arrondissement et un
par département (8).

Art. 8.

Le collége électoral de chaque arrondissement se compose de tous les français ayant
droit d'élection, et qui ont leur domicile réel
ou politique dans cet arrondissement, à l'exception de ceux d'entr'eux qui sont appelés à
faire partie du collége électoral de département (9).

---

(7) Cet article veut qu'un étranger qui vient de se faire
naturaliser seulement depuis quelques mois , ne puisse
voter à l'égal d'un français ; il convient qu'il ne le fasse
que dans un temps donné après sa naturalisation. Cinq
ans ne sont pas un terme trop long.

(8) Il a semblé plus convenable de conserver la division actuelle de nos départemens et de nos arrondissemens. Cette division existe : pourquoi en faire une nouvelle par arrondissemens électoraux ?

(9) Les motifs de cet article s'expliquent par son texte.
On est resté dans la Charte.

Art. 9.

Le collége électoral de chaque département se compose des plus imposés de tous les électeurs du département, jusqu'à concurrence du huitième de leur nombre, sans jamais cependant que ces colléges puissent être composés de plus de 800 membres et de moins de 50 (10).

Art. 10.

Tout collége électoral d'arrondissement ou de département ne pouvant être composé de moins de 50 membres, s'il ne se trouvait pas dans un département un nombre d'électeurs suffisant pour former chaque collége, leur nombre serait complété par les plus imposés de chaque arrondissement au-dessous de 300 (11).

---

(10) Au lieu de faire nommer les électeurs de département par ceux d'arrondissemént , il est plus simple , je crois, de former le collége de département des plus imposés des électeurs d'arrondissement. On évite de cette manière toute brigue , toute intrigue ; cette formation, qui est égale pour tous , laisse à chacun la faculté de devenir électeur de département, si, d'une année à l'autre, sa fortune s'est augmentée.

(11) Cet article a pour objet d'obvier aux inconvéniens résultant du petit nombre des électeurs dans les départemens pauvres : la Corse par exemple ; il est en harmonie avec la Charte.

Art. 11.

Le préfet, assisté du directeur des contributions directes et d'un membre du conseil-général de département par arrondissement, dresse la liste des électeurs de chaque arrondissement et celle des électeurs de département.

Ces listes seront imprimées et affichées, notamment dans les lieux où se tiennent les colléges : elles contiendront le montant et la nature des contributions payées par chaque électeur, et dans quel arrondissement ou département.

Il statuera provisoirement en conseil de préfecture sur les réclamations qui s'éleveront contre la teneur de ces listes, sans préjudice du recours de droit, lequel ne pourra néanmoins suspendre l'élection. (12)

---

(12) La formation des listes d'électeurs a donné lieu jusqu'à présent à quelques plaintes. Il a semblé que ces listes acquerraient plus d'exactitude et de régularité, si le préfet était assisté, pour leur formation, par le directeur des contributions directes, et par un membre du conseil-général de département, par arrondissement. Il est également utile que ces listes, lorsqu'elles seront imprimées, contiennent le montant et la nature des contributions payees par chaque électeur, et dans quels arrondissemens ou départemens, afin que tout electeur soit à portée de vérifier les droits respectifs de chacun d'eux.

Art. 12.

Les colléges électoraux d'arrondissement et de département sont convoqués par le Roi. Ils se réunissent dans les chefs-lieux d'arrondissement ou de département, ou dans toutes autres villes du département que le Roi désigne. Ils ne peuvent s'occuper que des opérations pour lesquelles ils sont convoqués, ni continuer leur session au-delà du terme fixé par l'acte de convocation. Toutes discussions, toutes délibérations leur sont interdites.

Art. 13.

Les électeurs d'arrondissement et de département se réunissent en une seule assemblée, à l'exception des colléges électoraux d'arrondissemens de Paris et des autres grandes villes du royaume, que le Roi peut diviser en plusieurs sections de collége, sans jamais que le nombre des votans dans chaque section puisse être moindre de 400 et de plus de 800 (13).

---

(13) Il eût été à désirer que les électeurs d'arrondissement pussent partout se réunir en une seule assemblée; mais leur nombre, à Paris et dans les autres grandes villes du royaume, étant trop considérable, on a dû laisser au Roi la faculté de les diviser en sections.

Chaque section nomme directement les candidats que le collége électoral doit élire.

ART. 14.

Chaque collége électoral d'arrondissement élira un nombre de candidats égal à la moitié du nombre de députés du département, si ce nombre est pair, et à la moitié, plus un, si ce nombre est impair (14).

---

(14) Le systême des deux degrés d'élections a semblé préférable à la nomination directe de députés par les colléges d'arrondissement, qui établissent une distinction entre les membres d'une même chambre, les uns étant les élus de la *petite* propriété, les autres de la *grande*. Cette distinction pourrait devenir funeste, soit par les choix qu'elle porterait les colléges d'arrondissement à faire en opposition avec ceux des colléges de département, soit par la désunion et la rivalité qu'elle pourrait établir entre eux par ce seul motif. La nomination de candidats par les colléges d'arrondissement n'aurait pas ces inconvéniens. En diminuant le nombre de candidats à élire par chaque arrondissement, l'art. 14 ne rend plus la candidature illusoire; et les colléges électoraux de département étant obligés de choisir au moins la moitié des députés parmi ces candidats, la grande et la petite propriété se trouveraient plus équitablement représentées, sans que les députés aient reçu leur mandat de colléges différens. C'est l'ordonnance du 13 juillet 1815, modifiée dans un sens favorable à la démocratie.

Art. 15.

Les préfets transmettront aux présidens des colléges électoraux de département les listes de candidats qui auront été nommés par les colléges d'arrondissement, listes qui leur seront transmises par les présidens de ces colléges.

Art. 16.

Les colléges électoraux de département nomment les députés à la Chambre. Ils en choisissent au moins la moitié parmi les candidats nommés par les colléges d'arrondissement.

Si le nombre des députés du département est impair, le partage se fera à l'avantage de la portion qui doit être choisie parmi les candidats.

Art. 17.

Les députés sont élus pour cinq ans. La Chambre se renouvelle chaque année par cinquième et par série de département. Les séries restent formées telles qu'elles l'ont été par l'ordonnance du Roi du 27 novembre 1816 (15).

---

(15) On a cru qu'on devait rester dans la Charte ; c'est une arche sainte, à laquelle on ne doit pas toucher. Avec l'élection à deux degrés, on n'a plus besoin du renouvellement intégral.

Dans le cas de dissolution de la Chambre, le rang de sortie de chaque série est déterminé par le sort, pendant la première session de la nouvelle Chambre, et en sa présence.

Art. 18.

Les colléges électoraux de département nomment un nombre de suppléans égal à celui des députés du département. Ils en choisissent au moins la moitié parmi les candidats à la députation, nommés par les colléges d'arrondissement, et suivent, pour le cas prévu à l'article 16, les règles qu'il établit.

Lorsque, pendant la durée ou dans l'intervalle des sessions des chambres, la députation d'un département devient incomplète, elle est complétée par l'admission à la Chambre d'un ou de plusieurs suppléans, suivant le rang de leur nomination, et le nombre de députés qu'il y a à remplacer.

Si, après l'admission à la Chambre de tous les suppléans d'une députation, elle devient encore incomplète, elle reste telle jusqu'à l'époque de son renouvellement, suivant la série à laquelle elle appartient (16).

---

(16) Cet article a pour but d'éviter la convocation des colléges électoraux, en cas de démission ou de mort d'un député. La nomination de suppléant, telle

Art. 19.

Si les colléges d'arrondissement n'avaient pas complété l'élection du nombre de candidats qu'ils doivent élire, le collége de déparment n'en procéderait pas moins à ses opérations.

Art. 20.

Le bureau de chaque collége électoral d'arrondissement ou département ou de section de collége, se compose d'un président nommé par le Roi, de quatre scrutateurs et d'un secrétaire. Pour les colléges électoraux d'arrondissement ou sections de ces colléges, les quatre scrutateurs sont, 1°. un des présidens des tribunaux de première instance ou de commerce ; 2°. du doyen des juges de paix de l'arrondissement, ou d'un des plus anciens après lui; 3°. d'un des plus anciens des membres du conseil d'arrondissement faisant partie du collége ; 4°. du maire ou d'un des adjoints de la ville où s'assemble le collége.

Le bureau choisit à la pluralité des voix son secrétaire parmi les électeurs du collége ou de la section de collége.

Pour les colléges électoraux de département,

qu'elle est proposée, n'exigerait qu'une seule opération de plus de la part des colléges électoraux de département, et les députations seraient toujours au complet.

les quatre scrutateurs sont, 1°. un des présidens des tribunaux de première instance ou de commerce ou des Cours royales du département ; 2°. de deux des plus anciens membres du conseil-général de département, faisant partie du collége ; 3°. du maire ou d'un des adjoints du chef-lieu du département. Le bureau choisit à la pluralité des voix son secrétaire parmi les électeurs du collége.

Art. 21.

Si, au jour et à l'heure fixés pour les élections, le bureau n'est pas complet, les membres du bureau qui sont présens remplacent les absens, à la pluralité des voix, par des électeurs appartenant au collége.

Art. 22.

Dans tous les cas de partage entre les membres, la voix du président est prépondérante (17).

---

(17) Les articles concernant la formation des bureaux du collége sont, à quelques modifications près, ceux du projet ministériel. On a préféré, au lieu des notaires, appeler les maires et adjoints des chefs-lieux à faire partie des bureaux. Le rang de ces fonctionnaires, et la considération générale dont ils jouissent, offriront une garantie de plus aux électeurs et au gouvernement.

2

Art. 23.

Les sessions des colléges électoraux d'arrondissement précèdent de 15 jours celles des colléges électoraux de département. Les sessions de ces colléges sont de dix jours au plus.

Chaque séance s'ouvre à huit heures du matin. Il ne peut y en avoir qu'une par jour, qui est close après le dépouillement du scrutin (18).

Art. 24.

Chaque électeur, avant de voter, prête serment d'être fidèle au Roi, d'obéir à la Charte et aux lois constitutionnelles du royaume, et de voter en son ame et conscience, selon sa connaissance et conviction personnelle (19).

Art. 25.

Chaque électeur écrit son vote sur le bureau, ou le fait écrire par un membre du

---

(18) Article dérivant nécessairement de l'élection à deux degrés.

(19) Ces deux articles 24 et 25 sont ceux du projet ministériel : on a cru devoir les adopter, parce qu'ils offrent une garantie de plus au gouvernement, que les choix des électeurs ne seront pas influencés par les intrigues et les factions. Il a paru inutile de changer les autres manières de voter de la loi du 5 février 1816.

bureau, sur un bulletin qui lui est fourni à cet effet ; il le remet au président, qui le dépose dans l'urne.

Art. 26.

Nul ne peut être élu député ni suppléant par un collége électoral de département, 1°. s'il n'est né en France, ou si, né en pays étranger, d'un père français, sa naissance n'a pas été constatée par les autorités françaises (20);

2°. Si, au jour de son élection, il n'est âgé de 40 ans accomplis, et ne paye 1,000 fr. de contribution directe, comptés conformément aux dispositions de l'art. 3 de la présente loi, et dont au moins la moitié en contribution foncière, déduction faite des centimes départementaux facultatifs et des centimes communaux (21);

3°. S'il n'assiste en personne aux élections

---

(20) Cet article écarte de la députation tous les étrangers. Nous sommes assez riches en hommes d'honneur et de talens pour n'avoir pas besoin d'y avoir recours.

(21) La base du droit d'election étant principalement la propriété foncière, il convient qu'elle soit la même pour l'electenr et l'éligible, de manière que l'on ne puisse pas être elu député, si l'on ne paye au moins, en impôt foncier, la moitié de la cote nécessaire.

du collége, où il s'est présenté comme candidat.

Les ministres du Roi avec porte-feuille sont seuls dispensés de cette dernière obligation (22).

Art. 27.

La moitié au moins des députés à nommer par chaque département est choisie parmi les éligibles qui ont leur domicile politique dans le département (23).

Art. 28.

Nul ne peut être élu député dans un département où il n'a pas son domicile politique, s'il ne paye dans ce département, en con-

---

(22) En obligeant les candidats à la députation à se présenter en personne aux colléges où ils espèrent être nommés, on évite les doubles nominations faites par les colléges, et par conséquent, leur convocation répétée ; on relève, à ce qu'il me paraît, la candidature, en n'y portant que des gens honorables et capables ; car comment supposer qu'un homme nul ou taré, ose se mettre sur les rangs pour solliciter l'honneur de représenter un département ?

Les ministres du Roi avec porte feuille ont dû être dispensés de cette obligation, parce qu'ils ne peuvent quitter le timon des affaires.

(23) Article de la Charte, qu'il est nécessaire de placer dans la loi même.

tribution foncière, la moitié de la cote fixée pour l'éligibilité (24).

ART. 29.

Aucun député ne peut siéger à la chambre, s'il ne justifie, au commencement de chaque session, et toutes les fois qu'il en sera requis par le président de la chambre, qu'il paye 1,000 fr. de contributions directes, comme au jour de son élection (25).

ART. 30.

Les dispositions des lois des 5 février 1817 et 25 mars 1818, auxquelles il n'est pas dérogé par la présente loi, continueront à être exécutées.

DONNÉE, etc.

----

(24) Article du projet ministériel, sagement conçu, pour empêcher que les choix ne se portent sur des gens tout à fait inconnus au département. Il convient, en général, que les départemens soient représentés par des députés qui connaissent leurs intérêts. Cet article concilie donc les dispositions de la Charte et les intérêts particuliers des départemens.

(25) Cet article a pour objet de forcer tout député élu, à payer, pendant tout le temps de son mandat, les contributions qu'il acquittait au jour de son élection. Cette disposition est trop juste, pour qu'elle ait besoin d'être autrement motivée que par la rédaction même de l'article.

TABLEAU des Députés qui doivent être élus par les Colléges électoraux de département, annexé à la Loi du (1 Député par 65,000 ames de population.)

DÉPARTEMENS.	Nombre ancien.	Nombre à nommer.	Population.
Ain.	3	5	322,608
Aisne.	4	6	432,237
Allier.	2	3	254,558
Alpes. (Basses-)	1	2	147,910
Alpes. (Hautes-)	1	2	121,523
Ardêche.	2	4	281,743
Ardennes.	2	5	345,980
Arriège.	2	3	222,936
Aube.	2	3	238,819
Aude.	2	3	240,993
Aveyron.	3	4	318,047
Bouches-du-Rhône.	3	4	293,235
Calvados.	4	7	505,420
Cantal.	2	3	251,436
Charente.	3	5	326,885
Charente-Inférieure.	4	6	393,011
Cher.	2	3	228,158
Corrèze.	2	4	254,271
Corse.	2	2	174,572
Côte-d'Or.	3	5	375,436
Côtes-du-Nord.	4	8	519,620
Creuse.	2	3	226,224
Dordogne.	4	6	424,113
Doubs.	2	3	226,093
Drôme.	2	4	253,372
Eure.	4	6	421,481
Eure-et-Loir.	2	4	265,996
Finistère.	4	7	452,895
Gard.	3	5	322,144
Garonne. (Haute-)	4	5	367,551
Gers.	3	4	286,499
Gironde.	5	8	514,562
Hérault.	3	4	301,099
Ille-et-Vilaine.	4	8	514,562
Indre.	2	3	204,721
Indre-et-Loire.	2	4	276,292
Isère.	4	7	471,660
Jura.	2	4	292,882
Landes.	2	3	240,146
Loir-et-Cher.	2	3	212,552
	109	178	

DÉPARTEMENS.	Nombre ancien.	Nombre à nommer.	Population.
De l'autre part.	109	178	
Loire.	3	5	315,858
Loire. (Haute-)	2	4	268,202
Loire-Inférieure.	4	6	404,489
Loiret.	3	4	285,395
Lot.	4	4	272,233
Lot-et-Garonne.	3	5	326,127
Lozère.	1	2	143,247
Maine-et-Loire.	4	6	404,489
Manche.	4	9	581,429
Marne.	3	5	311,017
Marne. (Haute-)	2	3	237,785
Mayenne.	3	5	332,253
Meurthe.	3	6	365,810
Meuse.	2	4	281,703
Morbihan.	4	6	403,423
Moselle.	4	9	562,700
Nièvre.	2	3	241,520
Nord.	8	14	899,890
Oise.	3	6	383,507
Orne.	4	6	425,920
Pas-de-Calais.	4	9	580,457
Puy-de-Dôme.	4	8	542,834
Pyrénées. (Basses-)	3	6	383,502
Pyrénées. (Hautes-)	2	3	198,763
Pyrénées-Orientales.	1	2	126,626
Rhin. (Bas-)	4	7	500,000
Rhin. (Haut-)	3	6	421,101
Rhône.	3	5	347,381
Saône. (Haute-)	2	4	305,546
Saône-et-Loire.	4	7	463,782
Sarthe.	4	6	410,380
Seine.	8	10	631,531
Seine-et-Oise.	4	6	430,972
Seine-et-Marne.	3	4	304,068
Seine-Inférieure.	6	10	642,948
Sèvres. (Deux-)	2	4	254,105
Somme.	4	7	495,105
Tarn.	2	4	295,887
Tarn-et-Garonne.	2	3	238,885
Var.	3	4	283,296
Vaucluse.	2	3	205,832
Vendée.	3	4	268,786
Vienne.	2	4	253,048
Vienne. (Haute-)	2	3	243,195
Vosges.	3	5	334,169
Yonne.	3	5	326,324
Totaux....	258	430